Ma première encyclopédie sur les dinosaures

Denise Ryan

Piccolia

Ma première encyclopédie sur les dinosaures

Denise Ryan

Piccolia

Oviraptor

Les dinosaures d'Amérique

Deinonychus

Sommaire

Qu'est-ce qu'un dinosaure ?

Les dinosaures sont des reptiles qui ont vécu sur Terre pendant 160 millions d'années. Certaines espèces ont réussi à subsister pendant toute cette période, d'autres se sont éteintes entre temps. Comme les scientifiques n'ont retrouvé que des ossements, on pense qu'ils avaient une peau écailleuse, un peu comme les crocodiles. Mais nous n'en sommes pas très sûrs.

Divers et variés !

Près de 1 000 espèces différentes ont été retrouvées, étudiées et répertoriées par les paléontologues. Chaque dinosaure a sa propre caractéristique : bec de canard, cornes, crête, pointes, plaques osseuses, griffes tranchantes comme des rasoirs...

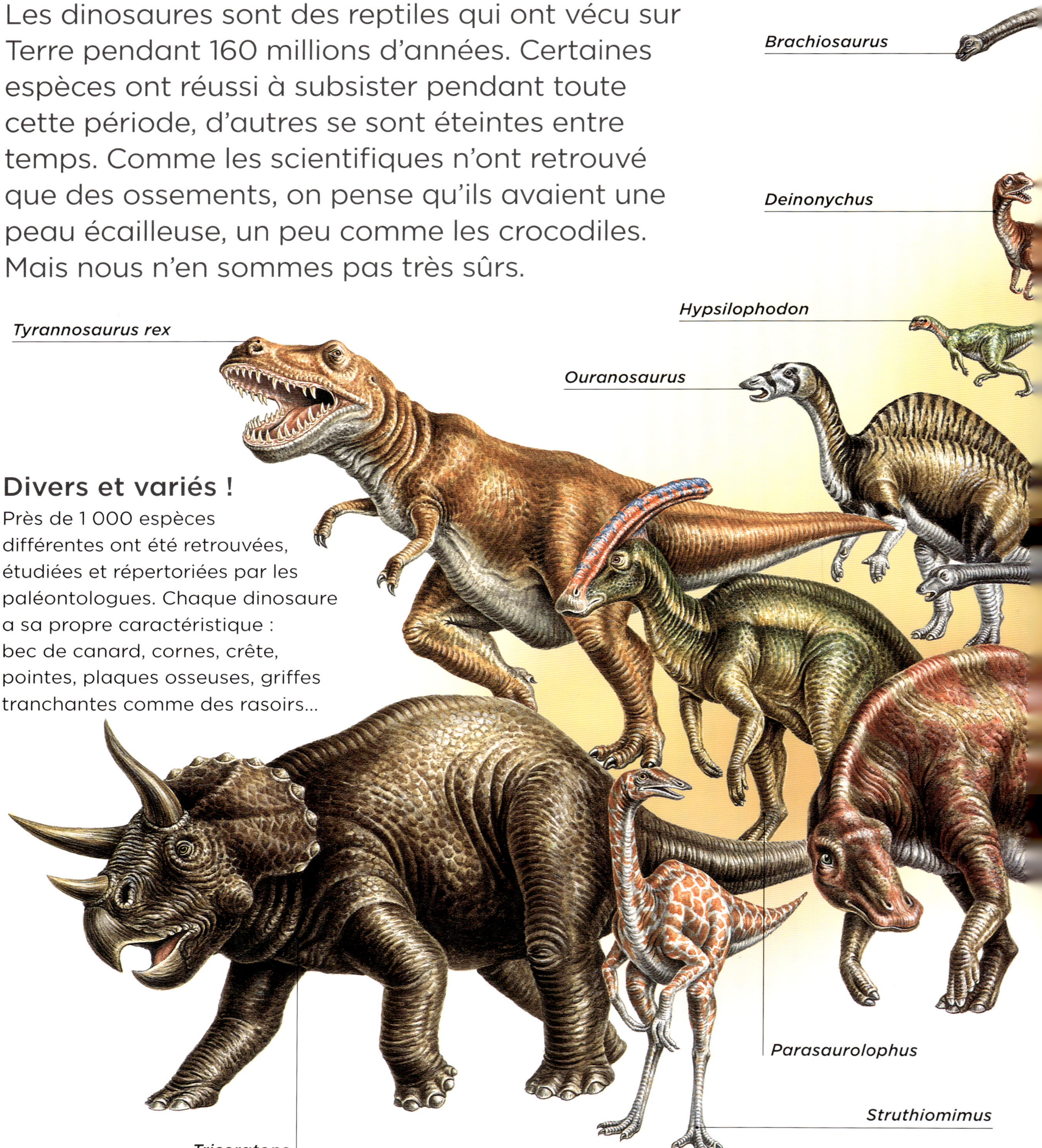

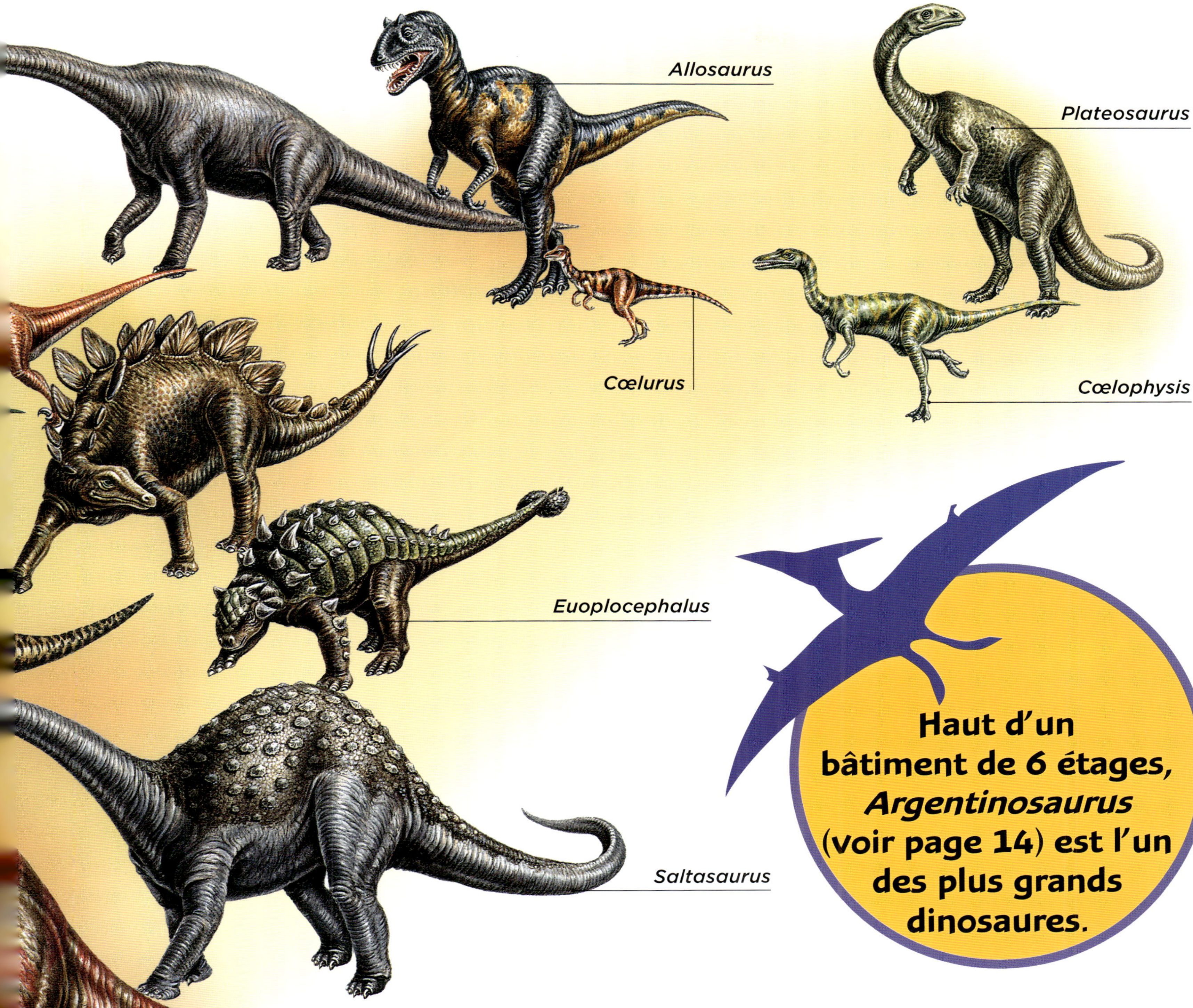

Haut d'un bâtiment de 6 étages, *Argentinosaurus* (voir page 14) est l'un des plus grands dinosaures.

LES DINOSAURES D'AMÉRIQUE DU NORD

Ces quatre dinosaures vivaient en Amérique du Nord pendant la même période.

L'âge des dinosaures

Les plus anciens fossiles de dinosaures retrouvés datent de près de 230 millions d'années. Au cours de leur longue période de règne, ces extraordinaires créatures ont peu à peu évolué. Le climat humide et chaud sur Terre était idéal et a contribué à leur développement sur tous les continents.

Drôle de doigt de pied !

Dilophosaurus avait quatre doigts aux pattes arrière dont l'un d'eux poussait en hauteur et ne touchait jamais le sol !

Tyrannosaurus rex

Pteranodon

Le temps des dinosaures

L'ère des dinosaures s'appelle le mésozoïque. Il est divisé en trois grandes périodes : le trias, le jurassique et le crétacé. En effet, les dinosaures sont apparus au début du trias supérieur et se sont éteints à la fin du crétacé.

Les dinosaures vivaient sur Terre des millions d'années avant le premier ancêtre humain.

Diplodocus

Anatomie

Les dinosaures étaient des vertébrés, c'est-à-dire qu'ils possédaient tous un squelette qui protégeait leurs organes internes. Leur corps était sans doute recouvert d'une épaisse peau à écailles. Au départ, les paléontologues pensaient que c'était des animaux à sang froid, comme nos reptiles actuels, mais quelques indices découverts depuis prouveraient le contraire.

Petite tête mais grand corps !

Apatosaurus mesurait 24 m de long et pesait près de 30 t mais il avait un cerveau de la taille d'une balle de ping-pong !

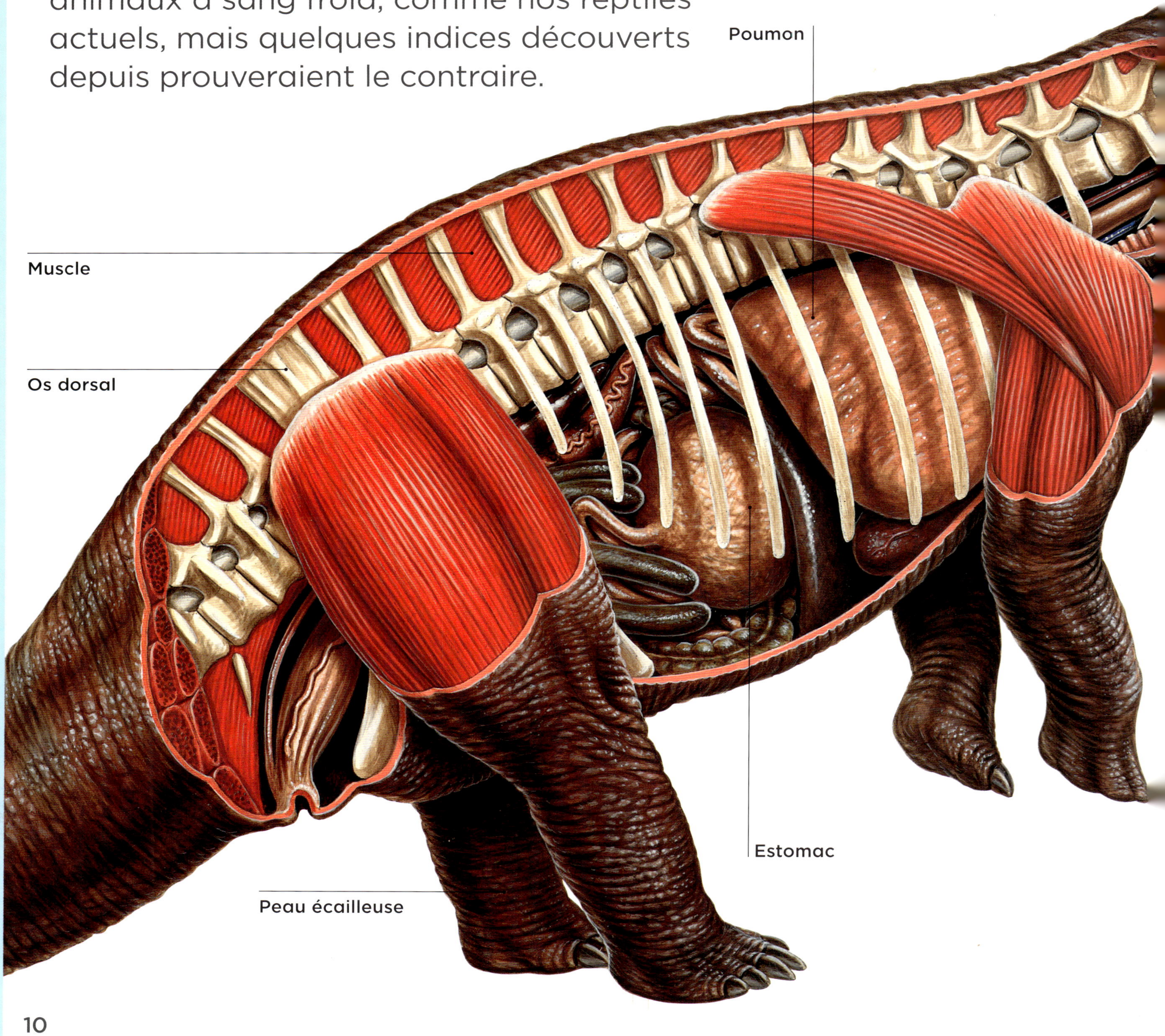

Vestiges

Les fossiles sont des ossements ou des traces laissés dans la roche, retrouvés profondément dans le sol. Ils nous ont appris tout ce que nous savons à ce jour sur les dinosaures.

Le cœur de *Tyrannosaurus rex* était probablement aussi gros que celui d'un homme.

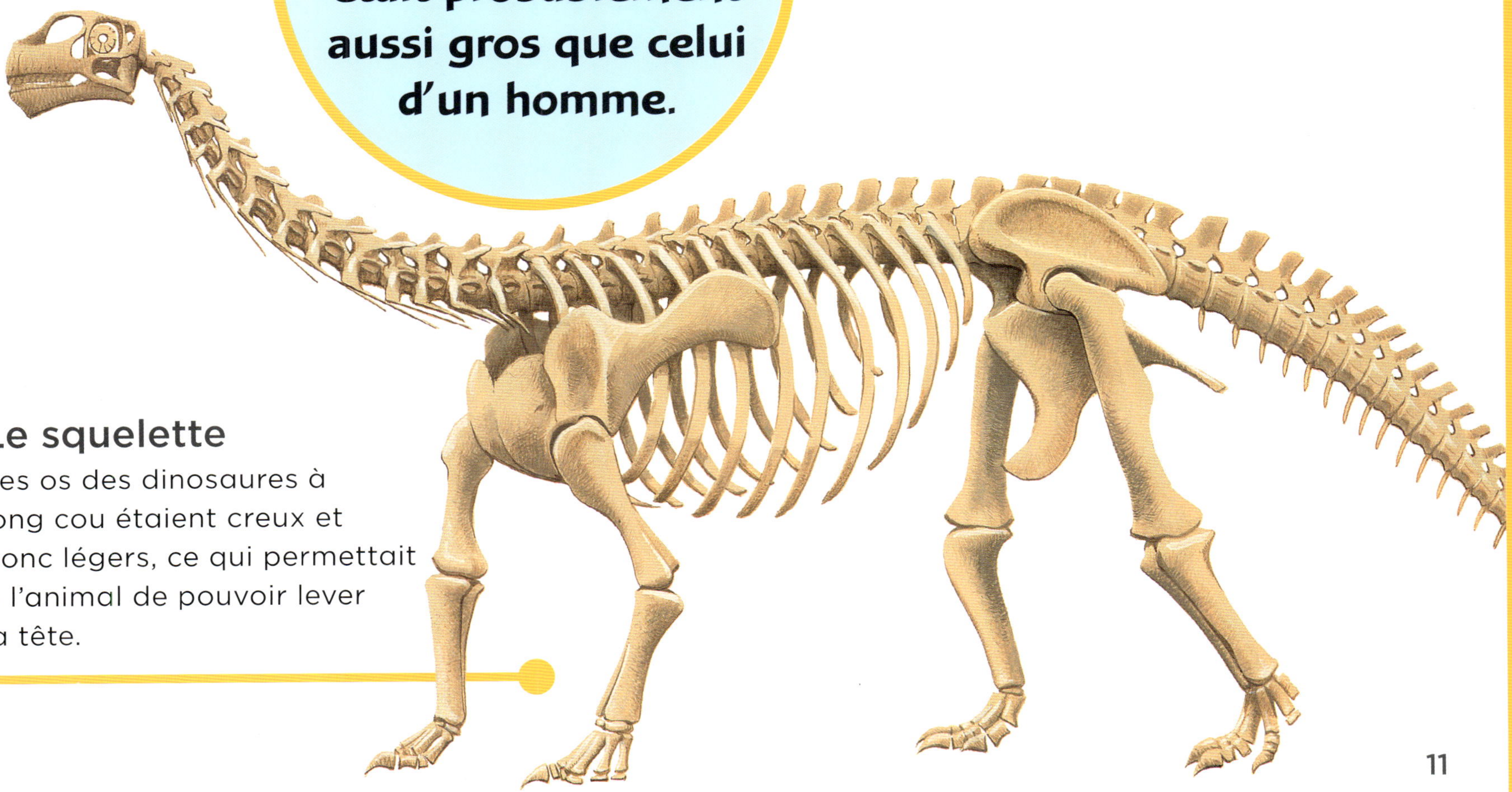

Le squelette

Les os des dinosaures à long cou étaient creux et donc légers, ce qui permettait à l'animal de pouvoir lever la tête.

Les carnivores

Certains dinosaures carnivores mangeaient des proies aussi grosses qu'eux mais d'autres ne se nourrissaient que d'œufs ou de tout petits insectes. La plupart avaient un petit corps musclé avec de puissantes pattes arrière qui leur permettaient de courir très vite après leurs proies.

QU'Y A T-IL À MANGER ?

Le menu d'un carnivore était composé de dinosaures mais aussi de lézards, de petits mammifères, d'œufs, de poissons et d'insectes.

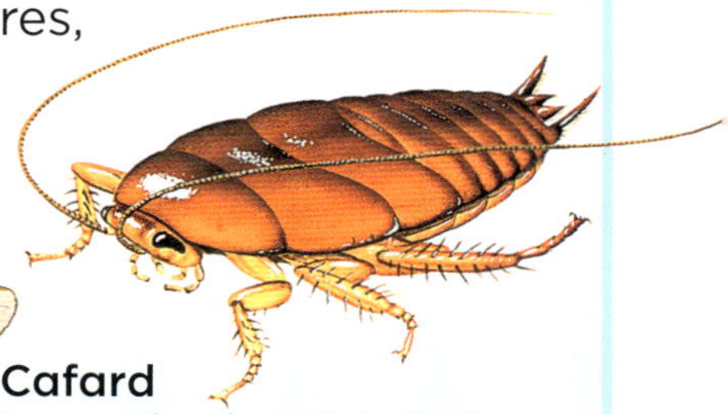

Cafard
Les cafards existaient bien avant les dinosaures et formaient un savoureux repas pour *Oviraptor*.

Meganeura
Meganeura était une immense libellule, l'une des proies favorites de *Gallimimus*.

Le déjeuner

Les carnivores utilisaient leurs pattes avant pour attraper leurs proies et les déchiquetaient avec leurs dents, leur bec acéré ou leurs longues griffes.

Compsognathus
Agile, il courait très vite pour attraper les lézards.

Baryonyx
Il pêchait les poissons grâce à ses longues griffes crochues.

Gallimimus
D'un coup de bec, il saisissait de petits animaux et les gobait d'un seul coup.

Prédateur féroce

Deinonychus attaquait en groupe des proies quatre à cinq fois plus grosses que lui.

Deinonychus

***Spinosaurus* serait le plus grand de tous les dinosaures carnivores.**

Les herbivores

Fougères, feuilles, aiguilles de pin et fleurs font partie du régime des herbivores. La plupart d'entre eux avaient une dentition spéciale pour arracher ou mâcher les plantes. De plus, ils possédaient des joues conçues pour en mettre le plus possible dans leur bouche afin de mastiquer tranquillement.

Il existe des centaines d'espèces différentes de dinosaures herbivores.

Diversité !

Les herbivores étaient très variés : leur forme, leur taille et leur manière de se nourrir pouvaient être très différentes.

Heterodontosaurus
Ce dinosaure utilisait les doigts de ses pattes avant pour arracher les plantes dont il se nourrissait.

Gros mangeur

Le sauropode *Argentinosaurus* était le plus grand des dinosaures et faisait partie des herbivores. Les végétaux apportant très peu d'éléments nutritifs, on pense qu'il devait passer la plupart de son temps à se nourrir pour avoir suffisamment d'énergie pour vivre.

Centrosaurus
Ses puissantes mâchoires cisaillaient les tiges et les feuilles des plantes qui poussaient près du sol.

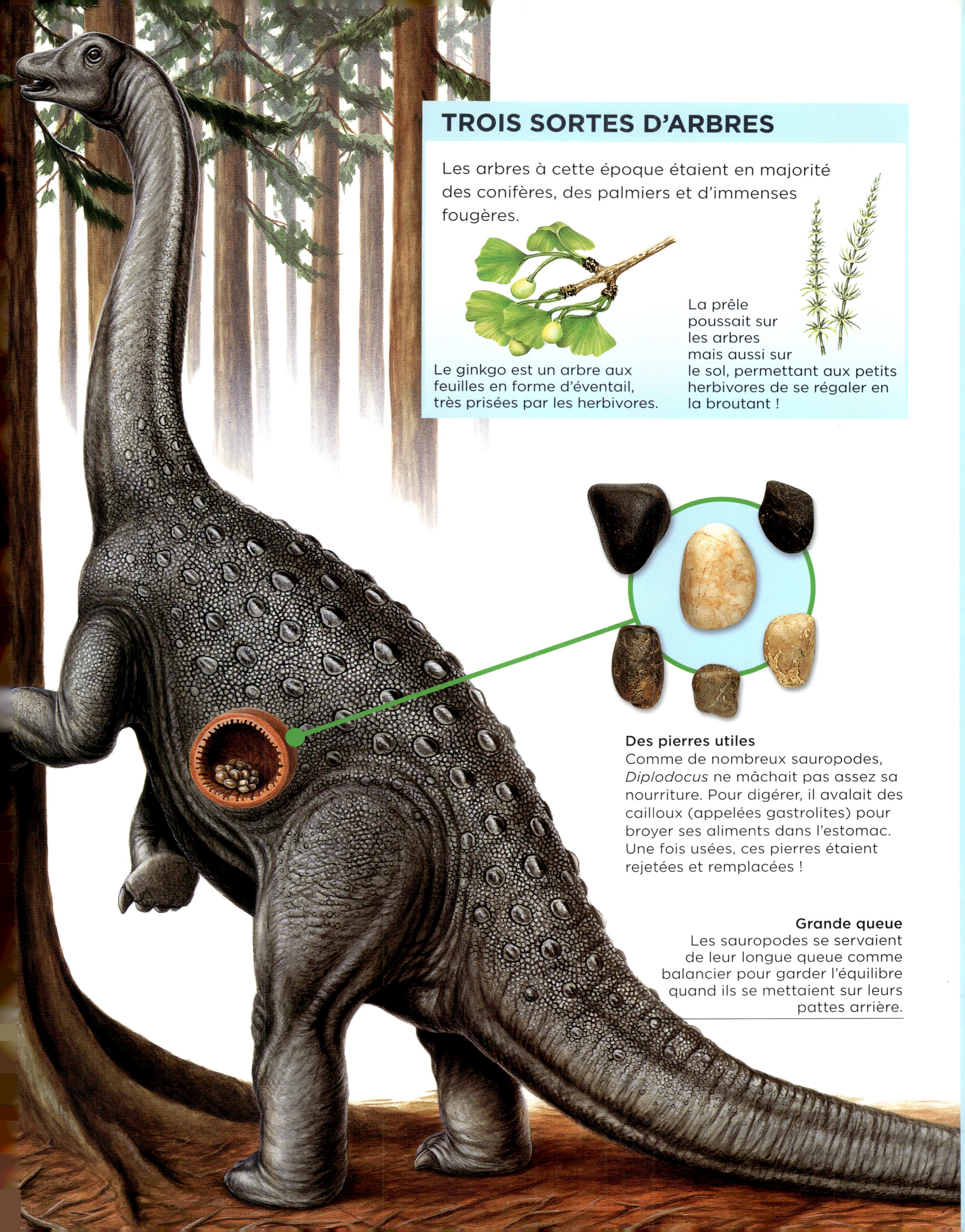

TROIS SORTES D'ARBRES

Les arbres à cette époque étaient en majorité des conifères, des palmiers et d'immenses fougères.

Le ginkgo est un arbre aux feuilles en forme d'éventail, très prisées par les herbivores.

La prêle poussait sur les arbres mais aussi sur le sol, permettant aux petits herbivores de se régaler en la broutant !

Des pierres utiles
Comme de nombreux sauropodes, *Diplodocus* ne mâchait pas assez sa nourriture. Pour digérer, il avalait des cailloux (appelées gastrolites) pour broyer ses aliments dans l'estomac. Une fois usées, ces pierres étaient rejetées et remplacées !

Grande queue
Les sauropodes se servaient de leur longue queue comme balancier pour garder l'équilibre quand ils se mettaient sur leurs pattes arrière.

Les Tout petits et les très grands

Les plus grands, les plus gros et les plus longs animaux que la Terre ait portés sont des dinosaures. Cependant, la majorité était de taille moyenne voire petite. Voici sur cette page les deux extrêmes !

Gigantesques !

Trois des plus grands dinosaures retrouvés sont *Supersaurus, Giraffatitan* et *Seismosaurus* dont les noms signifient respectivement « *super reptile* », « *titan girafe* » et « *lézard qui fait trembler la Terre* » !

Le plus lourd
Avec ses 12 m de haut et ses 25 m de long, *Brachiosaurus* pesait plus de 80 t. Il était indiscutablement l'un des plus gros dinosaures.

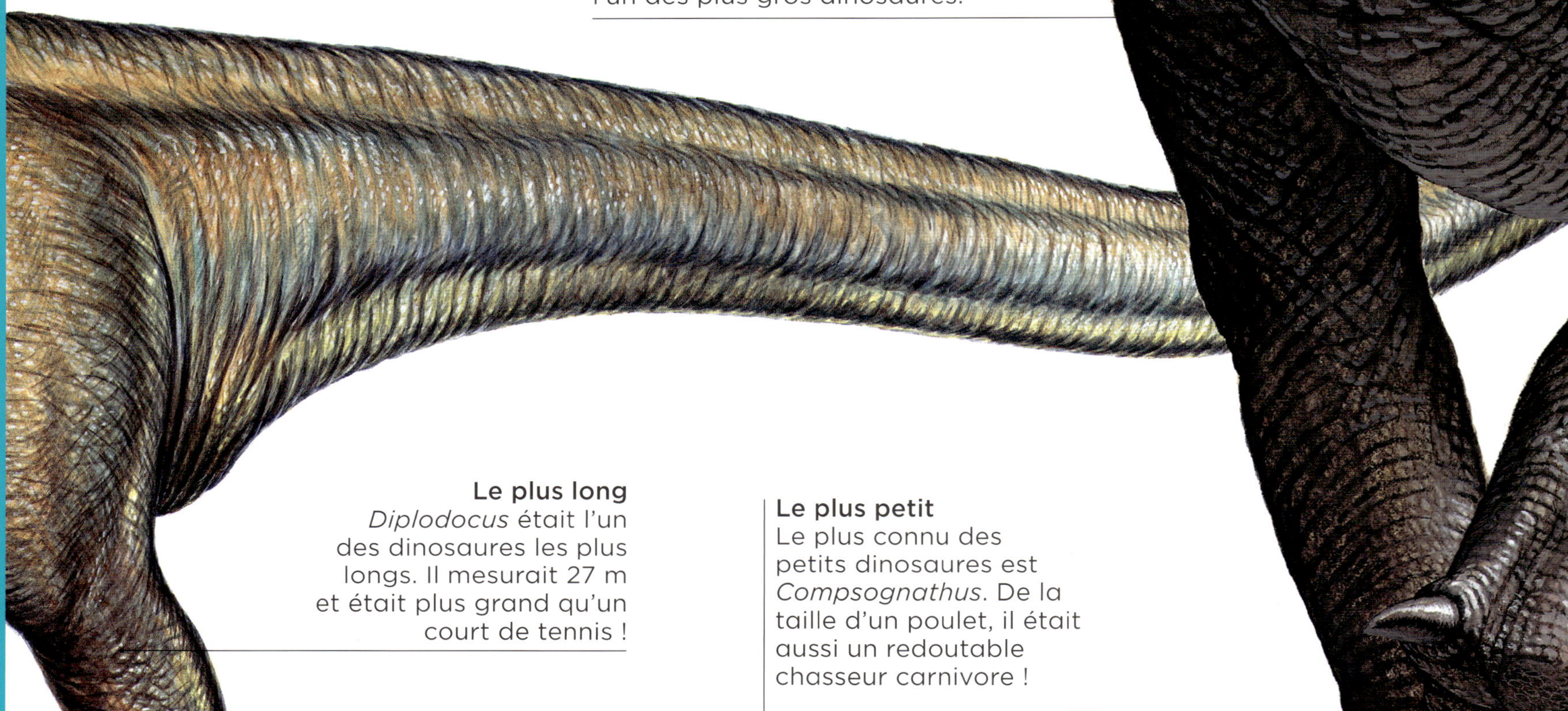

Le plus long
Diplodocus était l'un des dinosaures les plus longs. Il mesurait 27 m et était plus grand qu'un court de tennis !

Le plus petit
Le plus connu des petits dinosaures est *Compsognathus*. De la taille d'un poulet, il était aussi un redoutable chasseur carnivore !

Le plus petit herbivore s'appelait *Micropachycephalosaurus*, nom qui signifie « minuscule lézard à tête épaisse ».

Plus long ou pas ?
Pendant de nombreuses années, on a cru que *Tyrannosaurus rex* était le plus long des carnivores. Entre temps, on a découvert que sa taille était bien plus petite que celle de *Spinosaurus* et *Giganotosaurus* !

Les rapides et les très lents

Généralement, les dinosaures les plus rapides étaient de petite taille et avaient des corps élancés ainsi que de longues pattes arrière. Cela leur permettait de courir très vite pour chasser ou fuir leurs prédateurs. Quant aux grands herbivores, ils avançaient d'un pas lourd et lent qui, sous leur poids, faisait trembler le sol !

En vitesse de pointe, *Struthiomimus* pouvait atteindre les 80 km/h !

Les géants

On pense que *Diplodocus* et *Apatosaurus* se déplaçaient en grands groupes et leur vitesse à été estimée à 5 km/h !

Tu ne m'attraperas pas !

Gallimimus pouvait atteindre les 50 km/h. Sa longue queue faisait office de gouvernail et lui permettait de changer de direction en une fraction de seconde. *Albertosaurus* avait très peu de chance de l'attraper pour le manger !

Costaud mais rapide !

Malgré son imposante stature, *Tyrannosaurus rex* pouvait faire des enjambées de plus de 3 m et sa vitesse de course a été estimée à près de 18 km/h.

Attaques et défenses

Les dinosaures devaient se battre pour rester en vie. Tout en cherchant de la nourriture, ils devaient veiller à ne pas être mangés eux-mêmes. Chacun avait sa propre stratégie d'attaque et de défense. Ils utilisaient des armes redoutables telles que leurs dents, leurs cornes ou leurs griffes. Certains possédaient même de véritables armures.

Le camouflage

Comme nous n'avons trouvé que des ossements, la couleur de la peau des dinosaures nous est inconnue mais les paléontologues pensent que certains changeaient de couleur pour mieux se camoufler dans leur environnement, ce qui leur permettait de se cacher des prédateurs.

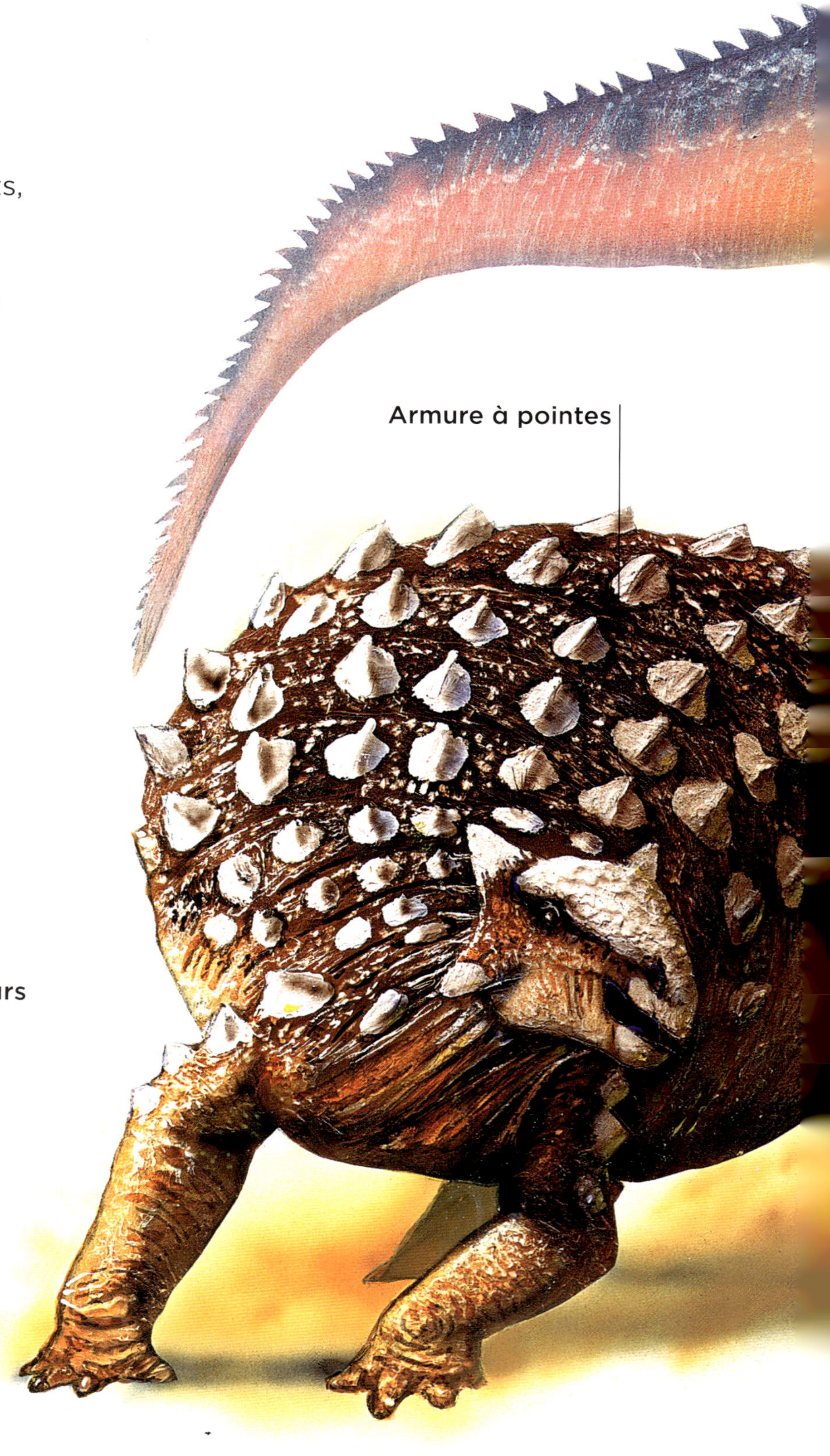

Sus à l'ennemi !

L'herbivore *Ankylosaurus* avait au bout de sa queue une massue osseuse qu'il balançait de gauche à droite pour blesser ou tenir à distance des prédateurs comme ce *Tyrannosaurus rex*.

QUEUES DE DÉFENSE

Queue de Euoplocephalus

Queue de Tuojiangosaurus

Avec sa massue, *Euoplocephalus* brisait les os des pattes arrière de ses ennemis. Quant à *Tuojiangosaurus*, il avait à l'extrémité de la queue quatre énormes pointes qui pouvaient blesser mortellement le plus féroce des prédateurs !

Les déplacements

Les gros herbivores se déplaçaient en plusieurs groupes pour chercher de grands espaces de nourriture. Certains troupeaux comprenaient plus de 10 000 individus, qui, lorsqu'ils marchaient, faisaient énormément de bruit. Pas très discrets, ils attiraient les prédateurs, comme *Tyrannosaurus rex*.

Tout seul !
Euoplocephalus vivait en solitaire. Il se défendait grâce à son armure à pointes et à sa queue puissante munie d'une massue.

Course contre la montre !

Les troupeaux de *Corythosaurus* (à crête) et de *Chasmosaurus* (à cornes) courent pour trouver des végétaux au plus vite. La course est lancée !

Comment savons-nous ?

Quand les dinosaures marchaient dans la boue, ils laissaient leurs empreintes de pas. Les fossiles de leurs empreintes nous ont montré qu'un grand nombre d'entre eux se déplaçait en troupeaux.

Se déplacer en groupes permettait à une espèce de se protéger mutuellement.

Les bébés dinosaures

Comme nos reptiles actuels, les dinosaures pondaient des œufs. Mais, certaines espèces avaient davantage un comportement d'oiseaux que de reptiles : ils construisaient des nids, prenaient grand soin de leurs petits à la naissance et les nourrissaient jusqu'à ce qu'ils deviennent autonomes !

On pense que les œufs de *Diplodocus* étaient plus gros qu'un ballon de rugby !

Nid confortable

Large de 2 m, l'intérieur du nid de *Maiasaura* était recouvert de végétaux où la femelle pouvait pondre ses quelques 30 œufs !

GRANDIR !

Les petits de *Maiasaura* mesuraient 50 cm à la naissance mais en moins de 2 ans, ils atteignaient déjà les 2 m !

À table !

Ici, une mère *Oviraptor* apporte à sa progéniture affamée une proie fraîchement attrapée. En 1995, on a retrouvé un fossile de ce dinosaure en posture de couvaison, comme un oiseau !

Un monde diversifié

Alors que de nombreux dinosaures terrestres sillonnaient le monde, des reptiles volants planaient dans les airs. D'autres, comme *Plesiosaurus* ou *Ichthyosaurus*, partageaient les mers avec les ancêtres de nos tortues et crocodiles actuels. C'est environ 30 millions d'années après l'arrivée des premiers dinosaures sur Terre que les mammifères sont apparus !

Magnolia

Les premières plantes à fleurs sont apparues voici 130 millions d'années. Le magnolia en fait partie et certains herbivores s'en nourrissaient.

À PROXIMITÉ

De nombreuses créatures animales vivaient aux côtés des puissants dinosaures.

Kannemeyeria
Long de 3,5 m, cet herbivore trapu vivait sur la terre ferme.

Ichthyosaurus
Avec son corps hydrodynamique, ce dinosaure marin nageait certainement très vite, à la manière du dauphin actuel.

Dans l'eau
Cryptoclidus poursuivait les bancs de poissons et étendait son cou long de 2 m pour les attraper !

Ancêtres ?

Des créatures du temps des dinosaures ressemblaient énormément à celles que nous connaissons aujourd'hui.

Mammifères
Alphadon ressemblait étrangement à une grosse musaraigne. C'est l'un des premiers mammifères apparu sur Terre.

Serpent ou lézard ?
Pachyrhachis était un long serpent marin muni de pattes arrière ! On pense qu'il s'agit de l'ancêtre du serpent actuel.

Insectes
De petits papillons de nuit et des abeilles sont apparus pendant l'ère des dinosaures !

Entre ciel et mer

Avec ses énormes yeux, *Scaphognathus* avait une excellente vue pour détecter les poissons sous l'eau. Dès qu'il attrapait une proie, il volait pour trouver un endroit propice où la manger, comme le font les aigles pêcheurs actuels.

À la pêche !
Scaphognathus plongeait en piqué pour se nourrir de poissons.

Disparition

Voici 65 millions d'années, les dinosaures se sont éteints en même temps que de nombreuses autres espèces animales et végétales. Personne ne sait comment ils ont disparu mais plusieurs hypothèses ont été émises, dont trois paraissent vraisemblables :

Comment les dinosaures ont-ils disparu ?

Un climat trop froid
Les dinosaures vivaient dans un climat tropical, c'est-à-dire chaud et humide. On suppose qu'une brusque baisse des températures les aurait tous tués.

Cause venue du ciel
Une météorite serait tombée sur Terre et d'énormes quantités de poussière et de roches en fusion auraient envahi l'atmosphère, étouffant une grande partie des êtres vivants. De plus, il y aurait eu un énorme incendie, détruisant des milliers de kilomètres de forêts et d'animaux.

Éruption de volcans
La fumée dégagée par d'énormes éruptions volcaniques aurait obscurci le ciel, privant les plantes et les algues de la lumière du soleil dont elles ont besoin pour vivre. Les herbivores seraient morts de faim et les carnivores, qui se nourrissaient principalement d'herbivores, auraient péri à leur tour, faute de nourriture.

La fin d'une ère

On ne sait pas quelle catastrophe a été à l'origine de l'extinction des dinosaures mais de petits mammifères et certains reptiles, comme les tortues et les crocodiles, y ont survécu.

Très petits !
La taille des mammifères ne dépassait pas celle d'un chat actuel. C'est lorsque les dinosaures se sont éteints qu'ils ont commencé à grandir et à se diversifier.

Et les grands...
Tous les animaux géants ont disparu lors de la catastrophe qui a touché notre planète.

Les fossiles

Lorsqu'un être vivant meurt, sa peau, ses organes et ses muscles se décomposent. Seuls les dents, le squelette, les cornes ou la carapace restent. Si ces parties sont rapidement recouvertes par de la terre, de la boue ou du sable, elles durcissent et se transforment peu à peu en roche. Il faut des milliers, voire des millions d'années, pour que ce processus se réalise. C'est ce qu'on appelle la fossilisation.

Attention en creusant !

Dans une profonde carrière, ces paléontologues découvrent les restes presque entiers d'*Hadrosaurus*. Pour l'extraire, ils doivent faire très attention à ne pas l'abîmer : ils brossent méticuleusement le squelette afin d'enlever chaque particule de roche !

DANS LES MARAIS

Les fossiles les plus complets ont été retrouvés dans des endroits qui étaient humides voire sous l'eau. Dans les marais par exemple, l'animal mort s'est enfoncé dans la boue qui s'est transformée en charbon : son corps entier s'est peu à peu fossilisé tout en restant bien conservé.

Trouvailles !

Des fossiles ont été retrouvés dans toutes les parties du monde. Il est très rare de découvrir des squelettes entiers. Souvent, les paléontologues n'ont trouvé que de petits fragments d'os qui leur ont tout de même permis de savoir comment vivaient certains dinosaures !

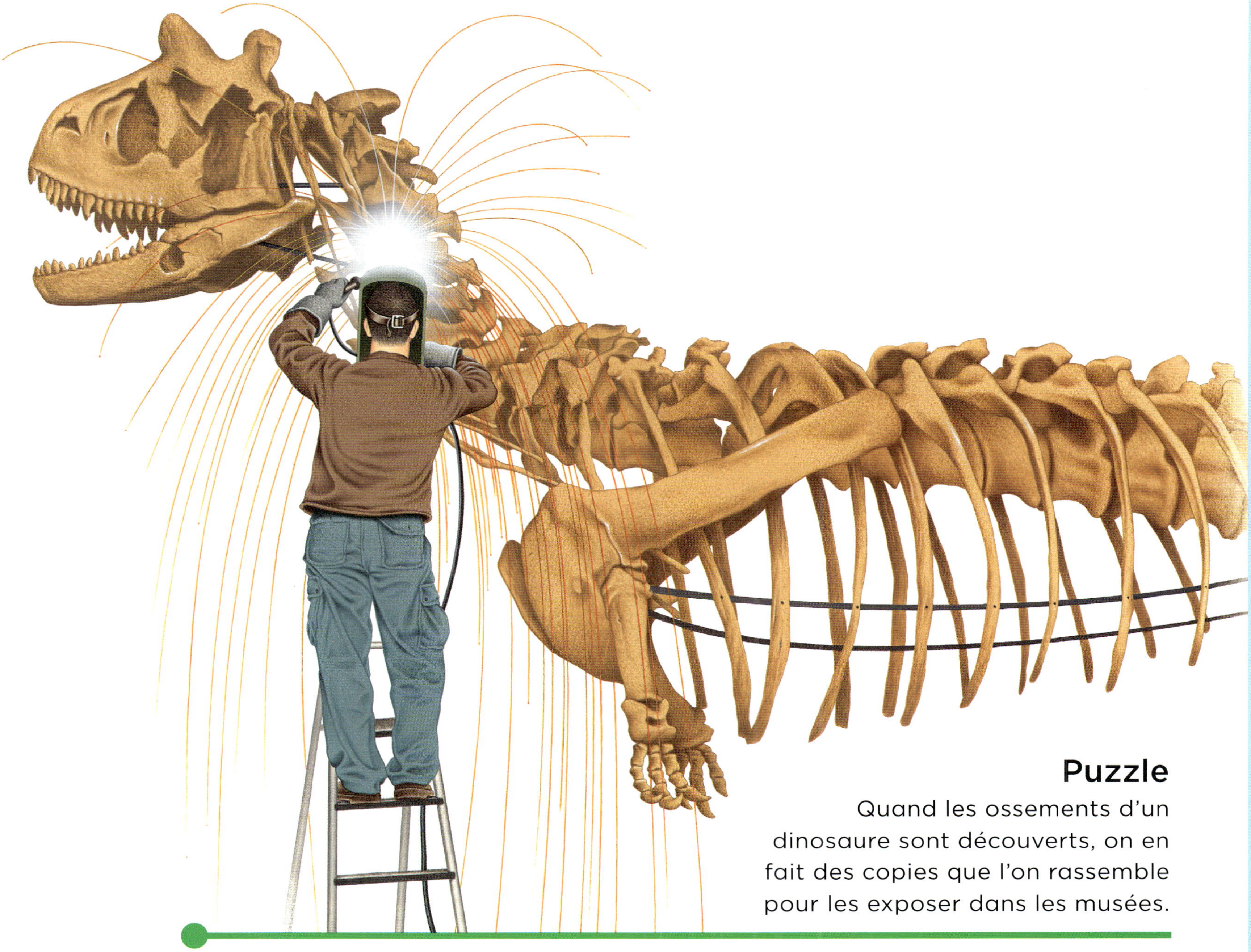

Puzzle

Quand les ossements d'un dinosaure sont découverts, on en fait des copies que l'on rassemble pour les exposer dans les musées.

Archéoptéryx

À la découverte de son fossile, personne n'a pu dire si *Archéoptéryx* était un oiseau ou un dinosaure. Malgré les plumes, il avait un bec muni de dents, une longue queue osseuse et trois doigts aux griffes acérées sur les pattes avant.

***Archéoptéryx* signifie en grec « ancien ailé ».**

Fossile

Archéoptéryx avait la taille d'un poulet. C'est le premier oiseau connu (avec des plumes) qui a toutes les caractéristiques d'un dinosaure. Il vivait sur Terre voici environ 150 millions d'années.

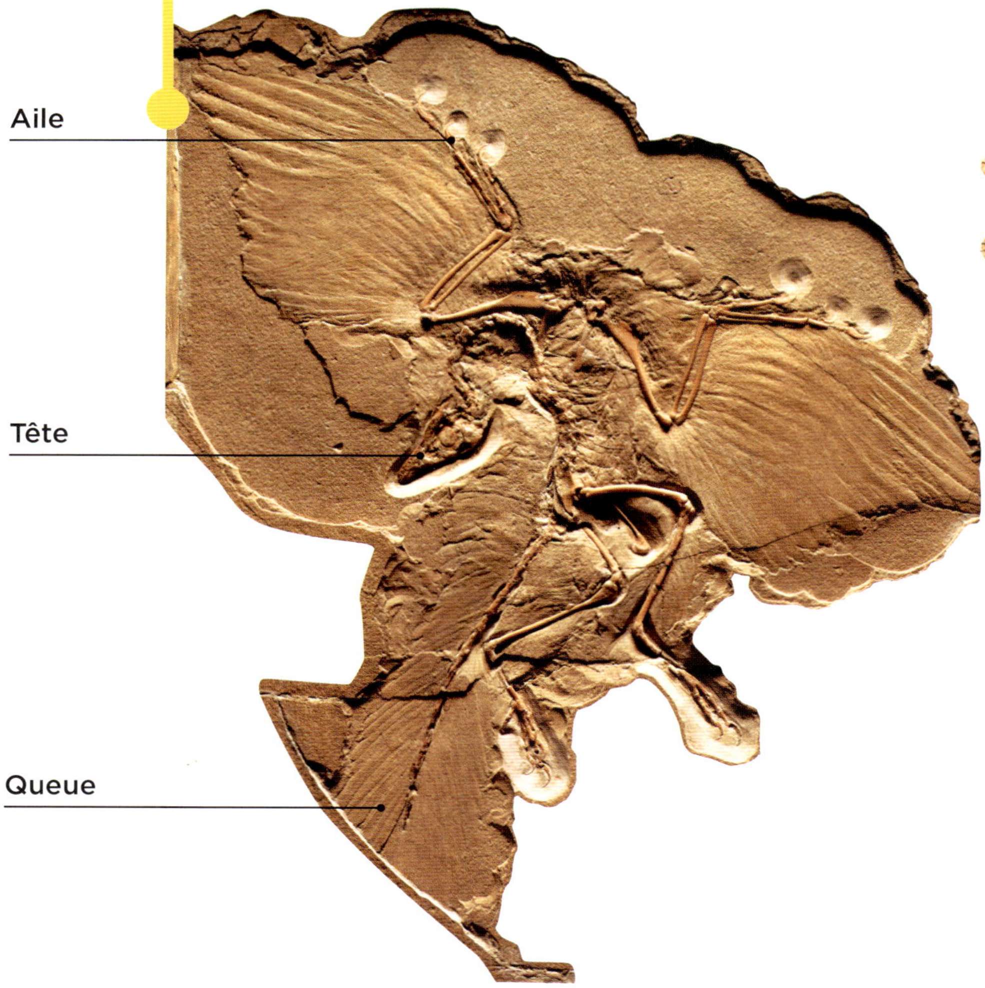

Manger !

Archéoptéryx était carnivore. Avec ses grands yeux, il était à l'affût d'insectes ou de petits reptiles dont il se nourrissait.

Les plumes
Archéoptéryx avait de grandes ailes couvertes de plumes qui pourtant, d'après les scientifiques, ne lui permettaient pas de voler sur de longues distances.

Nourriture
Archéoptéryx mangeait des insectes mais aussi de petits poissons. C'est pourquoi on pense qu'il devait vivre près de l'eau.

LES AILES

Les os et les plumes de ses ailes étaient faits comme ceux d'un pigeon ou d'un corbeau. Beaucoup de paléontologues pensent que *Archéoptéryx* est l'ancêtre de nos oiseaux.

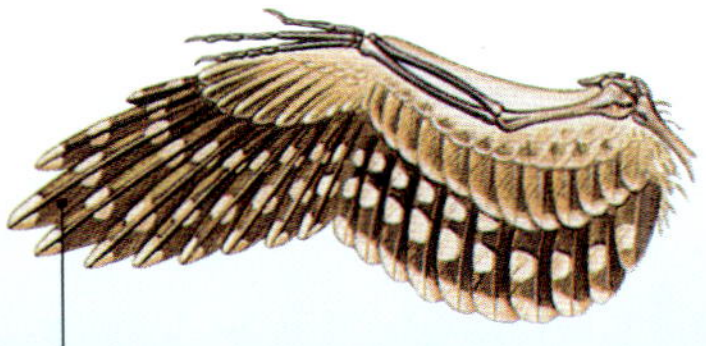

Aile d'Archéoptéryx

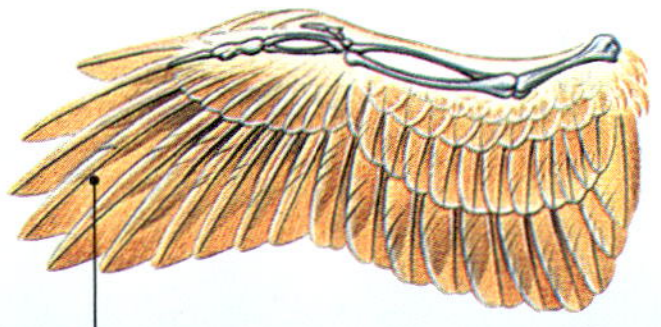

Aile de pigeon

Tyrannosaurus rex

Tyrannosaurus rex était l'un des plus grands carnivores de tous les temps. Il semblerait que les femelles étaient bien plus massives voire plus agressives que les mâles. Elles mesuraient près de 14 m de long, 5 m de haut et pesaient plus de 4 t ! Malgré le poids de ce dinosaure, il pouvait courir très vite !

Dents terribles

Ses dents aux bords crénelés n'étaient pas adaptées pour mâcher ni couper mais pour déchiqueter et même broyer les os.

ÉNORME GUEULE

Le crâne de *Tyrannosaurus rex* mesurait 1,2 m de long et était doté de puissantes mâchoires dont les dents pouvaient atteindre 15 cm.

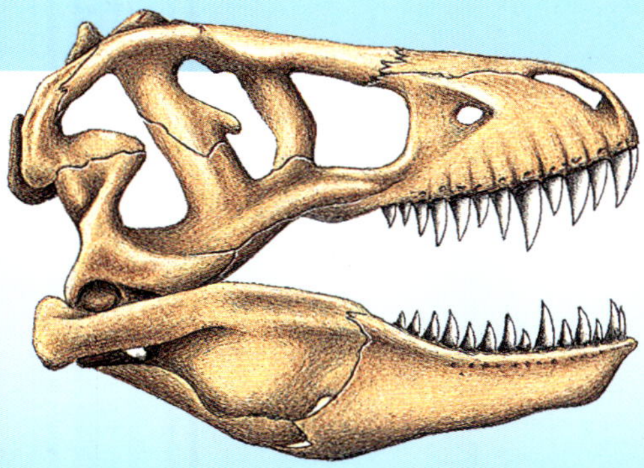

La marche

Ses pattes arrière musclées étaient adaptées à la marche. En revanche, ses pattes avant étaient minuscules et ne lui servaient pas à grand-chose !

Les dents de *Tyrannosaurus rex* étaient aussi grandes que des bananes !

Attention quand même !

Tyrannosaurus rex attaquait tous les dinosaures, même *Triceratops* qui, pour se défendre, avait des cornes qui pouvaient gravement le blesser.

Deinonychus

Deinonychus était un terrible prédateur avec des armes redoutables. En plus de ses pattes dotées de griffes pointues, il possédait de puissantes mâchoires aux dents acérées. En outre, c'était un dinosaure très rapide.

***Deinonychus* signifie « terrible griffe ».**

Squelette

Quand on voit le squelette de *Deinonychus*, on peut constater qu'il avait une immense queue osseuse. Celle-ci était peut-être couverte de plumes, mais nous n'en sommes pas sûrs.

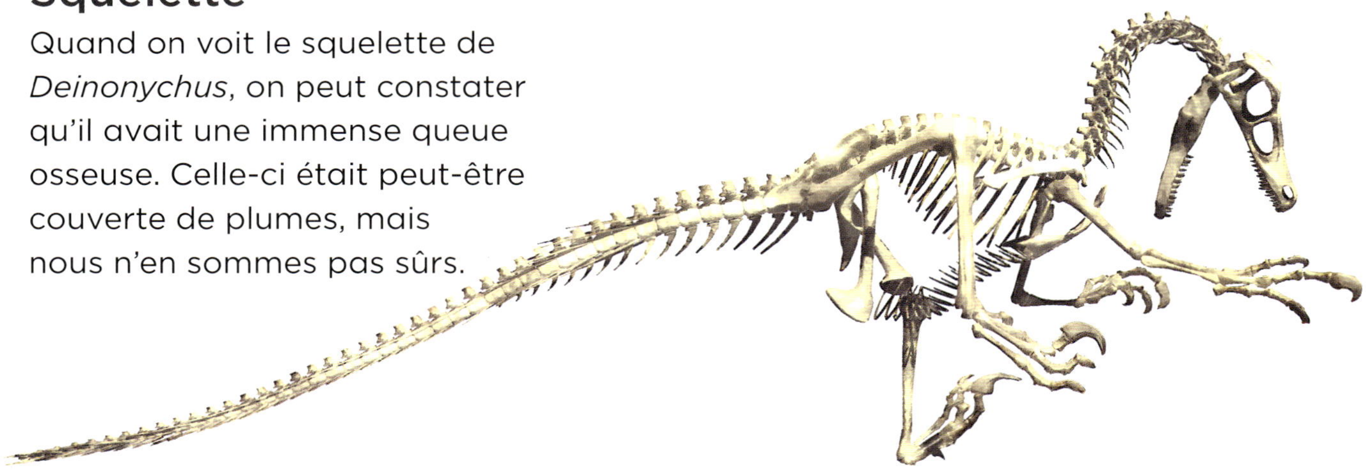

EN GROUPE !

Vu la taille de son crâne, *Deinonychus* avait un gros cerveau : c'était un dinosaure habile et rusé. Il chassait en groupe, ce qui lui permettait de s'attaquer à des proies bien plus grosses que lui.

Peu d'espoir ! *Bactrosaurus* n'a aucune chance face au groupe de *Deinonychus* qui l'attaque !

Gymnaste !

Deinonychus pouvait se tenir en équilibre sur une patte et lacérer la chair de ses victimes avec l'autre.

Arme fatale !

À chaque patte arrière, *Deinonychus* avait une énorme griffe au deuxième orteil. Longue de 15 cm, il l'utilisait comme une épée pour taillader la peau de ses victimes.

Diplodocus

Diplodocus était l'un des plus longs mais aussi l'un des dinosaures les plus lents. En groupe, il se déplaçait à environ 5 km/h et quand il courait, sa vitesse maximale ne dépassait pas les 14 km/h ! Cet herbivore pacifique avait des dents en forme de pince à linge, tout à fait adaptées pour ratisser les feuilles et les fougères dont il se nourrissait.

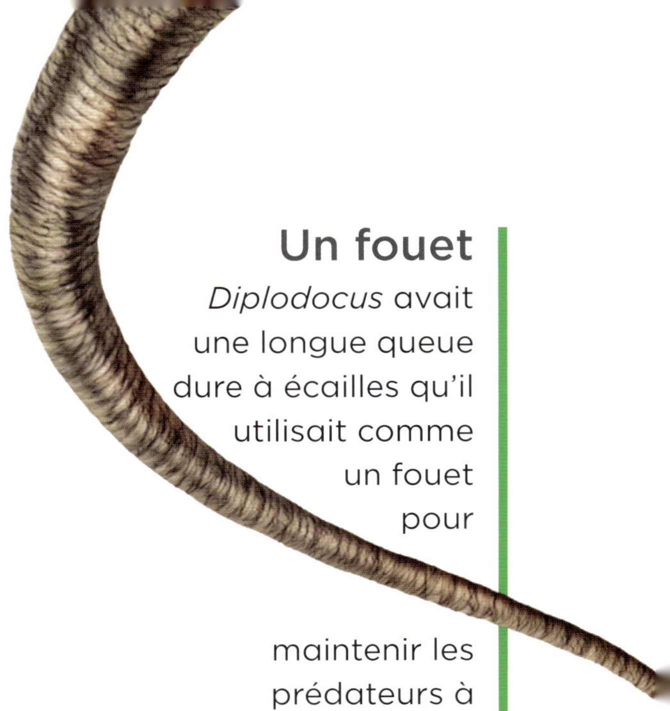

Un fouet

Diplodocus avait une longue queue dure à écailles qu'il utilisait comme un fouet pour maintenir les prédateurs à distance.

DANS L'EAU

Vu sa stature, *Diplodocus* traversait les lacs profonds sans problème, en maintenant la tête hors de l'eau !

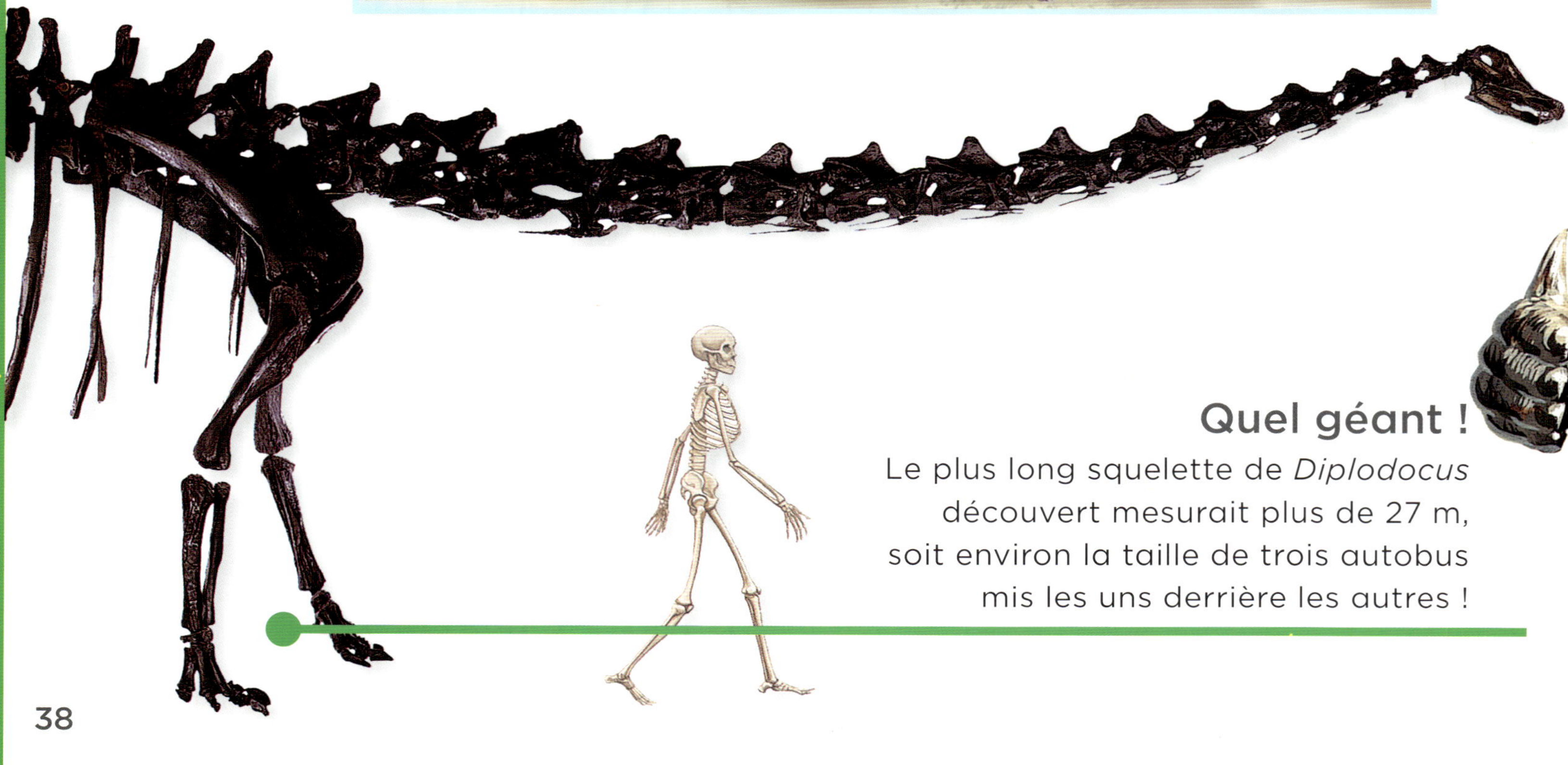

Quel géant !

Le plus long squelette de *Diplodocus* découvert mesurait plus de 27 m, soit environ la taille de trois autobus mis les uns derrière les autres !

Se tenir debout

Le cou de *Diplodocus,* long de 7 m, était assez lourd à porter. C'est pourquoi il se nourrissait de végétation à moins de 5 m du sol. Quand il voulait atteindre les feuilles à la cime d'un arbre, on pense que *Diplodocus* se tenait sur ses pattes arrière et mettait tout son poids sur le tronc pour le faire tomber.

La tête de *Diplodocus* était toute petite et ressemblait à celle d'un cheval.

Parasaurolophus

Parasaurolophus fait partie des dinosaures à bec de canard. Sa bouche était munie de petites dents, très utiles pour arracher et broyer les plantes dont il se nourrissait. Sa particularité était la grande crête qu'il possédait au-dessus du museau.

Comment ça marche ?
Parasaurolophus aspirait de l'air par la bouche. L'air passait ensuite par sa crête et sortait par le nez. Cela produisait un son audible à grande distance, pareil aux barrissements de nos éléphants actuels.

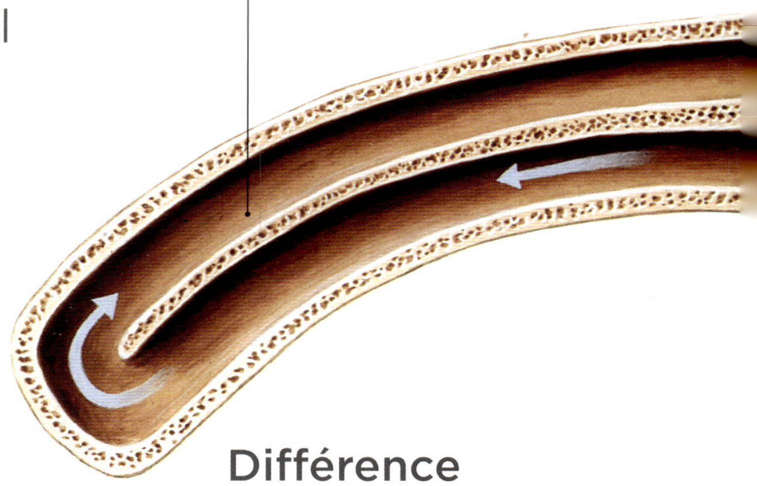

L'heure du repas

Parasaurolophus mangeait en mettant ses petites pattes avant sur le sol pour pouvoir brouter les plantes basses.

Différence

Les mâles adultes avaient une crête plus grande et plus recourbée que celle des femelles. Les jeunes n'en avaient pas du tout !

Mâle

Femelle

Communication

Parasaurolophus vivait en groupe et pouvait « parler » avec les autres membres du troupeau grâce aux sons produits par sa crête. On pense d'ailleurs que cet appendice pouvait changer de couleur pour attirer un ou une partenaire pendant la saison des amours !

La crête du mâle pouvait atteindre 2 m de long. Elle était plus grande que la hauteur d'un homme !

Têtes étranges

Parasaurolophus n'était pas le seul dinosaure à avoir une drôle de tête !

Stegoceras

Lambeosaurus

Stegosaurus

Long de 9 m pour un poids de 3 t, *Stegosaurus* avait sur son dos voûté 17 plaques en forme de triangle. Celles-ci s'élevaient à la verticale sur sa colonne vertébrale et mesuraient, pour les plus grandes, 76 cm. Le dinosaure porte bien son nom puisque *Stegosaurus* signifie « lézard couvert d'ardoises » !

Pratique !

Ses pattes avant étaient plus petites que celles arrière, ce qui lui permettait d'avoir la tête près du sol pour brouter les plantes basses.

Les plaques sur le dos de *Stegosaurus* lui servaient à réguler la température de son corps.

Défense

Stegosaurus avait sur sa queue deux paires de pointes aiguisées de 60 cm chacune qu'il utilisait pour se défendre. De plus, on pense que son corps était coloré pour se cacher parmi les arbres.

Petite tête
La tête de *Stegosaurus* était toute petite par rapport à son corps. On pense que son cerveau n'était pas plus gros qu'une noix !

Herbivore
Le principal menu de *Stegosaurus* était les plantes basses telles que les fougères.

MÊME PARENTÉ

Comme *Stegosaurus*, *Tuojiangosaurus* et *Kentrosaurus* avaient des plaques sur le dos qui leur protégeaient la colonne vertébrale et la moelle épinière. Ils font tous partie de la même famille : les stégosaures.

Tuojiangosaurus

Kentrosaurus

Triceratops

Cet impressionnant herbivore se déplaçait en troupeau. Il possédait un corps trapu et puissant, une collerette osseuse sur le cou et trois cornes : une petite sur le nez et deux grandes au-dessus des yeux qui pouvaient atteindre 1 m de long. Il avait un bec coupant et des séries de dents broyeuses qui lui permettaient d'arracher et manger les plantes coriaces.

À la charge

Face à l'ennemi, *Triceratops* chargeait comme un rhinocéros actuel. Hormis ses cornes, sa tête massive de 1,8 m de long sur 1,5 m de large devait impressionner la plupart de ses prédateurs !

Même particularité !

Comme *Triceratops*, certains dinosaures utilisaient leur collerette osseuse à des fins utiles : le mâle *Chasmosaurus* devait s'en servir pour attirer une femelle et *Centrosaurus* pour impressionner ses prédateurs !

Centrosaurus

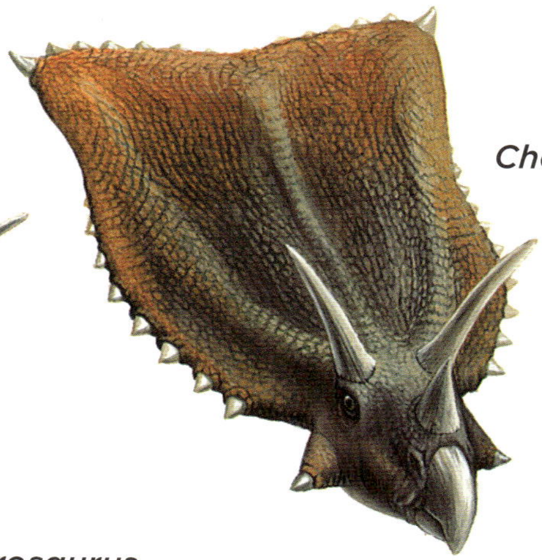

Chasmosaurus

L'UN DES DERNIERS

Triceratops a vécu environ 3 millions d'années sur notre planète, et ce jusqu'à l'extinction de tous les dinosaures.

***Triceratops* signifie « tête à trois cornes ».**

Glossaire

Tyrannosaurus rex

Euoplocephalus

ancêtre
Se dit d'une espèce à l'origine d'une autre, dont celle-ci provient.

ancien
Qui existait il y a très longtemps.

appendice
Partie qui complète, qui semble être ajoutée à un ensemble, comme à un corps par exemple.

armure
Protection qui recouvre le corps d'un animal.

atmosphère
Mélange de particules et de gaz entourant la planète dont l'épaisseur fait environ 10 000 km

climat
Temps qu'il fait dans un pays ou une région pendant une longue période.

colonne vertébrale
Structure faite d'os (vertèbres) qui part du bassin jusqu'au crâne et soutient la tête.

conifère
Arbre résineux à aiguilles dont le fruit s'appelle un cône, comme les sapins ou les cyprès.

crête
Excroissance de chair ou d'os sur la tête de certains animaux.

environnement
Ensemble des conditions physiques et biologiques dans lesquelles un être vivant vit et se développe.

ère
Longue période de temps correspondant à une phase de changement très importante dans l'histoire de notre planète.

éruption volcanique
Projections de lave, de poussière et de gaz émises à la surface de la Terre par un volcan.

fougère
Plante sans fleurs ni graines dont les feuilles sont très découpées.

hadrosaure
Famille des dinosaures à bec de canard.

mammifère
Animal à sang chaud, c'est-à-dire dont la température du corps reste constante quelle que soit la température qu'il fait à l'extérieur. L'animal respire grâce à ses poumons. La femelle a des mamelles et allaite son ou ses petits.

Meganeura
Ancêtre de la libellule vivant à l'époque des dinosaures.

météorite
Fragment d'une planète (ou d'un autre corps venant de l'espace) qui percute la surface de la Terre.

Dilophosaurus

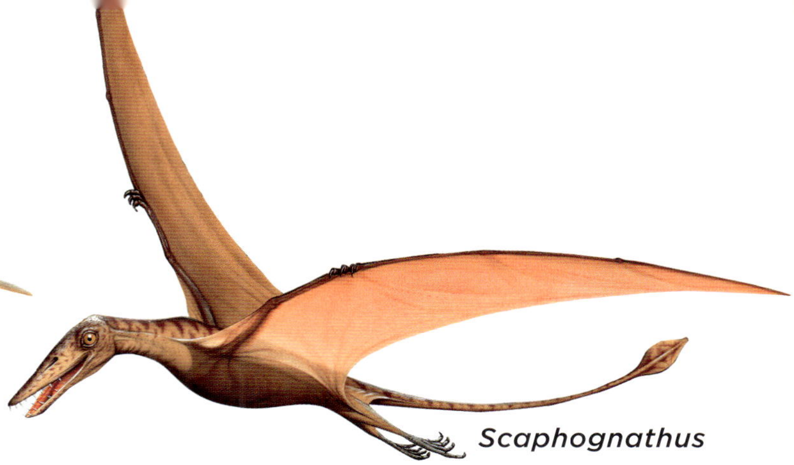

Scaphognathus

moelle épinière
Substance molle et graisseuse qui se trouve dans un canal le long de la colonne vertébrale. Elle permet à l'animal d'avoir des réflexes et de faire passer des messages entre son cerveau et les autres membres de son corps (comme la faim, la soif, la peur...).

muscle
Tissu fait de fibres qui assure le mouvement d'un animal.

paléontologue
Scientifique qui cherche des fossiles et les étudie.

palmier
Arbre des régions chaudes dont le haut est surmonté d'un bouquet de feuilles palmées.

prédateur
Animal qui tue et mange d'autres animaux.

proie
Tout animal qui est chassé et mangé par d'autres animaux.

reptile
Animal à sang froid, c'est-à-dire dont la température du corps varie en fonction de la température extérieure. Il respire grâce à ses poumons et est couvert d'écailles.

roche en fusion
Roche qui sous l'effet d'une forte chaleur passe de l'état solide à l'état liquide.

sauropode
Famille de grands dinosaures herbivores avec un long cou et une petite tête. Ils sont quadrupèdes, c'est-à-dire qu'ils marchent sur leurs quatre pattes.

troupeau
Groupe d'animaux qui vivent ensemble.

Volcan
Montagne en forme de cône qui émet des gaz et de la lave (roches en fusion mélangées à du magma).

Index

Crédits

Légende
t=haut; l=gauche; r=droit; tl=haut gauche; tcl=milieu haut gauche; tc=haut milieu; tcr=haut centre droit; tr=haut droit; cl=centre gauche; c=centre; cr=centre droit; b=bas; bl=bas gauche; bcl=bas centre gauche; bc=bas centre; cr=bas centre droit; br=bas droite

Photographies
CBT=Corbis; GI=Getty Images; iS=istockphoto.com

12tr iS **26**tr iS **32**bl CBT **34**tr GI

Illustrations
Couverture James McKinnon c br, Kevin Stead tr, Peter Schouten cr,

Quatrième de couverture James McKinnon tr, David Kirshner br

Intérieur
Simone End **6**c, **12**tr, **15**tr, **38**c, **40**br, **41**br; Christer Eriksson **17**br, **28**c, **33**c; Cecilia Fitzsimons/The Art Agency **12**c; John Francis/Bernard Thornton Artists UK **39**c; Lee Gibbons/The Art Agency **8**bl, **44**bl; Gino Hasler **34**c, Phil Hood/The Art Agency **14**bl, **22**t; Steve Kirk/The Art Agency **14**bl, **18**b l, **34**b; David Kirshner **10**c, **14**c, **16**l, **41**c; Frank Knight **3**c, **11**br, **21**b, **22**c, **37**bl, **38**b bl; David McAllister **30**tr; James McKinnon **8**c, **22**c, **26**bl, **30**bl, **42**b, **44**c; Colin Newman/Bernard Thornton Artists UK **1**c, **24**cl, **33**br; Luis Rey/The Art Agency **5**tr, **12**l, **20**b bl c, **23**c, **35**c, **37**c; Peter Schouten **4**bl, **7**br, **8**tr, **12**l, **16**c, **43**c, **44**tr; Peter Scott/The Art Agency **4**tl, **19**c, **24**bl c, **40**bl, **41**br; Marco Sparaciari 31tr; Kevin Stead **26**bl c, **27**tr, **30**b